Tao
odrodzenia

W serii
„Wschód Zachodowi"
ukazały się następujące książki

Daniel Reid
Tao zdrowia

Daniel Reid
Tao seksu i długowieczności

Raymond M. Smullyan
Tao jest milczeniem

Ray Grigg
Tao związków miłosnych

Neville Shulman
Zen w sztuce zdobywania szczytów

Nan Huai-chin
Góra traw

JIM McGREGOR

Tao odrodzenia

Cicha droga ku pełni

Przełożyli
Beata i Jerzy Moderscy

DOM WYDAWNICZY REBIS
POZNAŃ 1996

Tytuł oryginału
The Tao of Recovery. A Quiet Path to Wholeness

Copyright © 1992 by Humanics Limited Atlanta, Georgia, U.S.A.
All rights reserved

Copyright © for the Polish edition by REBIS Publishing House Ltd.,
Poznań 1996

Redaktor serii
Jacek Kryg

Redaktor
Katarzyna Raźniewska

Opracowanie graficzne serii
Krzysztof Kwiatkowski, Rafał Magierski

Wydanie I

ISBN 0-89334-319-6

Dom Wydawniczy REBIS
ul. Żmigrodzka 41/49, 60-171 Poznań
tel. 67-47-08, 67-81-40; fax 67-37-74
Fotoskład: Z.P. *Akapit*, Poznań, ul. Czernichowska 50B, tel. 793-888
Druk i oprawa: Drukarnia Wydawnicza im. W. L. Anczyca S.A.
Kraków. Zam. 4377/96

SPIS TREŚCI

WSTĘP 7

CZĘŚĆ I: BYĆ 11
Tajemnica odrodzenia 13
Płynąc z prądem rzeki 15
Poznać siebie 17
Próbując zbyt usilnie 19
Pozwolić 21
Dziwne myśli 23
Wyczekiwanie 25
Łatwe to sprawi 27
Szczyt góry jest skalisty 29
Ulegam pokorze 31
Kolejny paradoks 33
Jestem tutaj 35
Nie potrafię tego wytłumaczyć 37
Jeżeli mogę to wytłumaczyć, to znaczy, że to nie „to" 39
Teraz rozumiem 41
Powracając 43

CZĘŚĆ II: PRZEBUDZENIE 45
Świadomość 47
Marzenia nie pomogą 49
Gdzie są moje uczucia? 51
Nie czuję się bezpiecznie 53
W górę i w dół 55
Samozadowolenie 57
Moje pragnienia stają na mej drodze 59
Skończyć natychmiast 61
Brak własnego zdania 63
Nic nie trwa wiecznie 65
Milczenie 67
Pustka jest pełnią 69
Choroba 71
Jest jeszcze coś 73
Jestem inny 75
Jak dziecko 77
Nazwy 79
Wszechświat jest mały 81

CZĘŚĆ III: POWRÓT DO ZDROWIA 83

Słabość jest potęgą 85
Współzawodnictwo 87
Władza dzisiaj 89
Zadowolenie 91
Pułapki bogactwa 93
Klęska i zwycięstwo 95
Szczęśliwe zakończenia 97
Zwyciężyłem, a jednak przegrałem 99
Zysk i strata 101
Sukces nie jest sukcesem 103
Mniej znaczy więcej 105
System 107
Niesprawiedliwe 109
Życie cenione zbyt wysoko 111
Suchy i zwiędły 113
Szkodliwa pomoc 115
Praca bez wysiłku 117
Siła 119
Bez użycia przemocy 121
Widzę, nie patrząc 123

CZĘŚĆ IV: ŻYCIE 125

Wspólnota 127
Natura 129
Zobowiązania 131
Niewielkie ryzyko 133
Dystans 135
Jestem niespokojny 137
Umiarkowanie 139
Niziny 141
Motywacja 143
Bohaterowie 145
Przywódcy nie są przywódcami 147
Chaos przyciąga „ekspertów" 149
Przemyślność 151
Zwodnicze i kłopotliwe 153
Wtrącanie się w cudze sprawy 155
Pilnować swego nosa 157
„Niedziałanie" nie jest brakiem działania 159
Gdzie oni się podziewają? 161
Nie osądzaj – nie lękaj się 163
Dobro 165
Wielkość 167
Wielkie, choć drobne i proste 169
Żywi umarli 171
Odpowiedzialność 173
Osamotnienie 175
Nadzieja 177
Obfitość 179

WSTĘP

Słowa i myśli zapisane w tej książce nasunęły mi się po wielu latach bliskiego obcowania z Tao Te Ching, podczas których osobiście doświadczałem ozdrowieńczego procesu.

Lao Tze, mędrzec, który żył prawie dwadzieścia sześć wieków temu, uznawany jest za autora osiemdziesięciu jeden wierszy, składających się na piękną książkę Tao (droga lub ścieżka) Te (cnota) Ching (święta księga). Była ona przekładana na inne języki częściej niż jakakolwiek inna książka, może z wyjątkiem Biblii.

Tao wyraża wszechobecny, uniwersalny porządek, trwały i mistyczny w tym sensie, że nie podlega racjonalnemu wytłumaczeniu. Wymaga zatem akceptacji poza zrozumieniem.

Tao odrodzenia jest zbiorem poetyckich interpretacji, napisanych pod wpływem Tao Te Ching. Każda z jego części mówi o innym aspekcie odrodzenia.

Pojęcia odrodzenia i uzdrowienia kojarzą się ostatnio również z rehabilitacją ludzi uzależnionych od narkotyków i alkoholu. Swobodniejsza interpretacja tych pojęć może obejmować szerokie spektrum szkodliwych sposobów życia, jak choćby wzajemnych relacji naznaczonych piętnem uzależnienia od drugiej osoby.

Każdą osobę chorobliwie uzależniającą innych od siebie otacza wiele osób przez nią zdominowanych – członków rodziny, przyjaciół, współpracowników. Ci z nas, którzy znajdują się w podobnej sytuacji, muszą nauczyć się żądać szacunku dla siebie, by zająć właściwe, godne miejsce we własnej społeczności. Musimy tak postępować niezależnie od tego, czy ta osoba zechce, czy nie zechce się zmienić. Większość spisanych tu myśli koncentruje się wokół różnych sytuacji zależności, ponieważ sam również doświadczyłem w życiu podobnych sytuacji. Uważam *Tao Te Ching* lub *Księgę Drogi* – bo tak bywa również nazywana – za doskonałego towarzysza na drodze naszego odrodzenia. Tym z nas, dla których niewygodne jest pojęcie Boga, pojawiające się w programie „dwunastu kroków"*, tao oferuje bezpieczne schronienie. Niczego nie żąda. Idee nieprzywiązywania się, przyzwolenia na swobodny bieg rzeczy, akceptacji, a także uznania jakiejś obecności, na której można polegać, podejmując próbę wzniesienia się ponad słabości własnej natury – wszystko to zawarte jest w tao.

Tao reprezentuje jedną z zasadniczych sił uzdrawiających w każdej chorobie: odnalezienia w sobie pogody ducha, ciszy i spokoju. Czy naszym problemem jest zwykłe poczucie braku szczęścia lub niespełnienia, które tak często towarzyszy nam w życiu, czy też depresja, choroba lub życie z trwałym kalectwem – we wszelkich tego typu sytuacjach możemy odwołać się do darów tao. Moimi darami była właśnie akceptacja, pogodne nastawienie do życia i odnalezienie nowego poczucia własnej wartości i szacunku dla siebie.

Ideałem, do którego w naszych uzdrowieńczych wysiłkach dążymy, jest osiągnięcie poczucia wewnętrznej, duchowej pełni oraz jedności ze światem i innymi bratnimi, ludzkimi istotami.

Tao Te Ching oraz mój własny program „dwunastu kroków" dały mi niezbędną wolność, dzięki której zdołałem odnaleźć spokój i radość na własnej drodze życia. Choć zrozumiałem po pewnym czasie, że moja natura silnie sprzyjała łagodniejszemu sposobowi życia, to jed-

---

* Termin dotyczy programu terapeutycznego, stosowanego przez autora w pracy z ludźmi przeżywającymi najrozmaitsze problemy (przyp. tłum.).

nak i w przypadku wielu moich przyjaciół, którzy zwykli postrzegać świat znacznie bardziej linearnie niż ja, okazało się, że tao również powoli i stopniowo zaczęło wpływać na ich życie.

Powtarzanie idei i pojęć jest zasadniczym warunkiem przyswojenia tao i programu „dwunastu kroków". Tę samą tendencję zauważycie też w *Tao odrodzenia*. Powtarzanie jest bardzo pomocne w uchwyceniu głębszych znaczeń, zrozumienia wewnętrznej i prostej istoty tao i sensu dwunastu kroków. Zdarza się, że słyszymy coś setki razy, aż nagle doznajemy takiego olśnienia, jakbyśmy słyszeli to po raz pierwszy w życiu. Unikajcie „przedstawiania" sobie czegoś. Po prostu przeczytajcie i nie przejmujcie się tym więcej. Będziecie zaskoczeni tym, jak często głębsze znaczenie ujawni się samo. Kiedy czytam po raz kolejny jakiś fragment *Tao Te Ching*, jego sens okazuje się dla mnie nierzadko zupełnie inny od tego, który dotarł do mnie podczas poprzedniej lektury. Zasoby znaczeń są niewyczerpane.

Lao Tze często formułuje swoje myśli o tao z humorem właściwym starożytnym mędrcom. Ja również – pamiętając o tym – bawiłem się, nadając tytuły niektórym z moich rozdziałów.

Starałem się też używać oszczędnie słowa „tao", ponieważ chcę, aby każdy z czytelników mógł dowolnie wybrać sobie określenie, które najlepiej odpowiada jego własnym wyobrażeniom o „wyższej mocy" lub „Bogu".

Na pewno czytający tę książkę zwrócą uwagę na użyte przeze mnie imię „Wielkiej Matki". Jest ono efektem mojego długoletniego pozostawania pod wpływem tao. Wiele elementów przesłania tao, dotyczących akceptacji i wewnętrznej refleksji, uderza mnie swoim kobiecym charakterem i z łatwością potrafię wyobrazić sobie proces odrodzenia odwołujący się do tao jako matki opiekującej się dziećmi.

W tym miejscu chciałbym zaznaczyć, że nie próbuję uczyć czytelników niczego, ani oferować im żadnego

„programu samopomocy". Mam jednak nadzieję, że zdając sprawę z myśli, które zrodziły się we mnie pod wpływem lektury poszczególnych wersów *Tao Te Ching*, zdołam podzielić się z nimi czymś wartościowym.

Oddaję wam, czytelnicy, do rąk owoc moich skromnych wysiłków, nie oczekując niczego w zamian. Proszę, czytajcie te myśli, kiedy będziecie mieli na to ochotę i w takiej kolejności, w jakiej zapragniecie.

CZĘŚĆ I

Być

Tajemnica odrodzenia

Tajemnicy odrodzenia nie można objaśnić!

Ścieżka jest niewyraźna i lekko zamglona, a chwilami panuje nad nią zupełny mrok. Jak wszystko, co cenne, uzdrowienie przychodzi zgodnie z własnym rytmem i objawia się na swój sposób.

Ścieżka jest bezkształtna; nie można jej dotknąć.

Ścieżka jest milczeniem; nie można jej usłyszeć.

Ścieżka jest nicością; nie można jej zobaczyć.

Poznam ziemskie przejawy odrodzenia, a potem wkroczę na ścieżkę niewiadomego, gdyż na niej właśnie odnajdę spokój i pogodę ducha.

Płynąc z prądem rzeki

Uniwersalny porządek obejmuje wszystko. Jeśli pozostaję w harmonii z Bogiem – takim, jakim go pojmuję – to mój spokój, jak woda, dociera wszędzie.

Sytuacje i związki, które wydawały się pozbawione nadziei, przestają być takie.

Przystąpię do wszystkiego z łagodnością, która wyrasta z ciszy i z prawdy. Kiedy nadejdzie pora, odpowiedzi pochodzące od tego, co we mnie najlepsze najdoskonalsze, nadpłyną ku mnie niczym niesione prądem rzeki.

Popłynę z biegiem rzeki niewiadomego, i na zawsze przestanę walczyć z jej nurtem.

Poznać siebie

Nigdy nie poznam siebie naprawdę, jeśli nie odnajdę własnego miejsca w naturalnym porządku.

Ponieważ wolę to, co łatwe i proste, już teraz mogę zacząć od zaakceptowania tego, że mam swoje miejsce we wszechświecie.

Wtedy zacznę przyglądać się sobie, najpierw oceniając własne siły, a potem obszary moich możliwości rozwoju.

Nie jest to łatwe i być może nie jestem jeszcze gotów, ale chcę zacząć w odpowiednim czasie.

Poznam, kiedy ten czas nadejdzie.

Próbując zbyt usilnie

Dopóki „próbuję" się uzdrowić, pozbawiam się piękna prawdziwego ozdrowienia, które ma naturę duchową i przychodzi jako dar.

Dostrzegam pewne efekty moich świadomych starań. Skutki tych wysiłków służyły mi dobrze na wczesnym etapie ozdrowieńczym, ale teraz już pora posunąć się dalej.

Wiele pozostaje nadal poza moim zrozumieniem.

Pozostanę otwarty na przyjęcie tajemnicy odrodzenia, które nadejdzie z chwilą, gdy moim udziałem stanie się pełna miłość i akceptacja.

Pozwolić

Moją młodość zdominowały surowe nakazy i zakazy, narzucone przez nierozważnych rodziców. Stałem się przebiegły i kłamliwy i nauczyłem się nienawidzić siebie.

Bliska znajoma miała zupełnie inne doświadczenia. Jej rodzice nie zadbali o to, by nakreślić dla niej jakąkolwiek linię postępowania. Oboje jesteśmy ofiarami złych metod wychowawczych i nie widzimy dla siebie żadnej nadziei.

A jednak jest nadzieja.

Rozpocznę rzetelne poszukiwania uniwersalnej siły wewnętrznej.

Będę wsłuchiwał się w słowa tych, którzy odnaleźli drogę.

Moje życie się odmieni, gdy na to pozwolę.

Dziwne myśli

Mam odwagę pozostawać w tyle i wyczekiwać na to wszystko, co może mi się przytrafić.

Prostota jest drogą mędrców.

Pokora jest drogą wielkości.

Umiejętność pochylania się to droga długiego życia.

Ustępliwość to droga siły.

Wystarczy, jeśli pozwolę, by duch napełnił mnie przeświadczeniem, że mistyczne i pozarozumne rozwiązania kiedyś się pojawią.

Czekam!

Wyczekiwanie

Trudności mogą zapanować bez reszty nad naszym życiem.

Moją reakcją na pojawienie się trudności był natychmiastowy atak i podbój. Ten sposób reagowania nie sprawdził się.

Wycofanie się i odczekanie, aż „wróg" wykona swój pierwszy ruch, daje człowiekowi czas pozwalający ocenić siły i słabości przeciwnika.

Pozwala to uzyskać ogromną przewagę.

Kiedy stosuję takie właśnie podejście, okazuje się, że trudności często znikają i nigdy nie pojawiają się ponownie.

Spokój i ufność pozwalają mi poruszać się wśród trudności łatwo i bezboleśnie.

To właśnie nazywa się pokonywaniem trudności bez podejmowania próby ich przezwyciężenia.

Łatwe to sprawi

Ponieważ każda rzecz ma swoje przeciwieństwo, wybiorę łatwe zamiast trudnego.

Mogę wybrać odprężenie albo napięcie, zaniechanie działania albo dążenie do zapanowania nad sytuacją, akceptację lub dominację, wolność lub uwiązanie, pokój lub walkę, radość albo smutek, szczęście lub niedolę.

Będę pamiętał o tym, że jeśli pojawia się sama trudność, to oznacza ona tylko jedną stronę rzeczy, a zatem nie zasługuje na moją uwagę.

Kiedy mój umysł jest spokojny, a ja jestem pusty i chłonny, rozkwita we mnie to, co proste i piękne. Oto, co znaczy uzdrowienie w łatwy sposób.

Szczyt góry jest skalisty

Mieszkam w dolinie, gdzie wszystko spływa ku mnie. Żadna walka ani wysiłek nie są konieczne.

Zdobycie szczytu góry jest trudniejsze.

Właśnie powracam do zdrowia, więc nie zależy mi na zdobywaniu „górskich szczytów".

Akceptacja i zgoda na naturalny bieg zdarzeń pozostają w sprzeczności z tym, czego mnie nauczono.

Zastanawiam się, dokąd zaprowadziła mnie ówczesna ambicja i zachłanność.

Wybieram teraz łagodniejszy, bardziej przyzwalający sposób życia, który już wielu innym ludziom pozwolił osiągnąć spokój i harmonię.

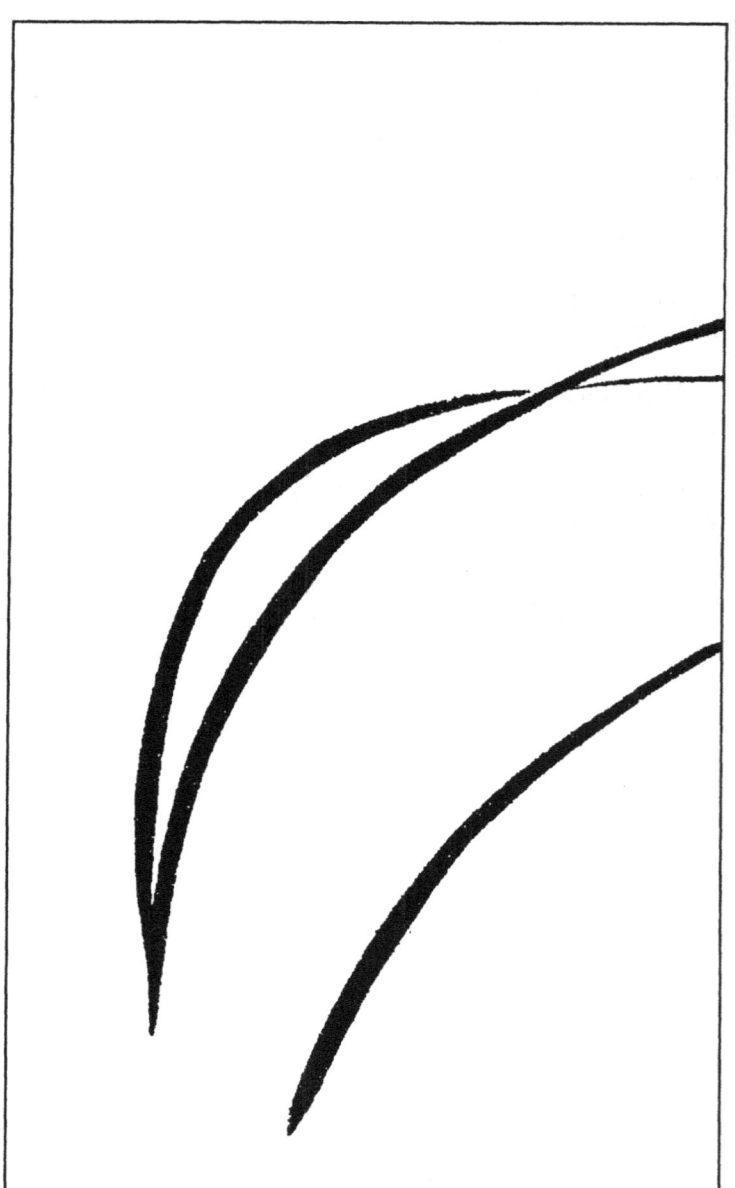

Ulegam pokorze

Pokora to cicha zgoda na swoje miejsce w naturalnym porządku rzeczy. Kiedy jestem pokorny, opuszcza mnie zarówno arogancja, jak i niewiara w siebie.

W naszym świecie uległość kojarzy się ze wstydem. Czy ma to oznaczać, że powinienem toczyć ciągłą wojnę ze światem tylko po to, by być „kimś"?

A jednak jestem „kimś" i doszedłem tu, gdzie jestem, poddając się uniwersalnemu porządkowi, który można nazywać Bogiem, Duchem lub Tao. To, dlaczego i w jaki sposób się poddałem, nie ma żadnego znaczenia, liczy się tylko, że był to początek prawdziwej pokory w moim życiu.

Teraz, kiedy nie odczuwam już potrzeby bycia kimś innym, niż jestem, otwieram się na wszystkie dary odrodzenia i właśnie dlatego stanę się kimś innym, lecz ku powszechnemu pożytkowi: mojemu własnemu, mojej rodziny, przyjaciół i wszechświata.

Kolejny paradoks

Miękkość i ustępliwość przezwycięża to, co silne i twarde.

Twardy jak skała – co za bzdura!

Byłem właśnie kimś takim, na kogo wszyscy mogą liczyć, i rozsypałem się. Zakończeniem takiego scenariusza jest nieuchronne zniszczenie, zarówno dla „skały", jak i dla tych, którzy się na niej oparli.

Nie ma takiej skały, której nie ogarnie woda – owa uległa i bezkształtna substancja, której możesz dotknąć, ale nie zdołasz jej uchwycić.

Nie ma takiego człowieka (skały), którego nie ogarnie kiedyś duch tego, co nieznane. Dotyczy to zarówno życia, jak i śmierci.

Nie znajdę dla siebie schronienia, jeśli wciąż będę wykazywał, jaki jestem wspaniały.

Cudownym miejscem schronienia jest dla mnie strumień życia: byt cichy, delikatny i miękki, który – o dziwo – przezwycięża wszystko.

Jestem tutaj

Jestem w nurcie wszechświata!

To jedyna rzecz, która jest wieczna i zawsze mogę na nią liczyć, mimo że jest w ciągłym ruchu. Nurt ten płynie daleko, lecz nieustannie powraca. Nie będę mu się opierał, ponieważ w nim jest miejsce człowieka, przewidziane naturalnym porządkiem.

Wielu z nas nie zdaje sobie sprawy z naturalnego przepływu wszystkiego wokół, dopóki nie uświadomi sobie własnych obsesji i uzależnienia i nie zacznie szukać pomocy. Jednak więcej jest takich, którzy nadal pozostają nieświadomi. Żal mi ich.

Wystarcza mi oparcie w naturalnym porządku – w Matce Wszechświata.

Jestem wdzięczny, że dotarłem tu, gdzie jestem, choć podróż była bolesna.

Nie potrafię tego wytłumaczyć

Przepełnia mnie cudowne uczucie „znajomości" źródła wszechrzeczy, a zarazem nie odczuwam żadnej potrzeby zrozumienia, jak to się dzieje.

Czasami miałem pewność, że nie istnieje żaden wyższy byt, a niekiedy doznawałem wielkiego rozczarowania, gdy dowiadywałem się, co powinienem czynić i czego ode mnie oczekują konwencje religijne.

Naturalny porządek jest nieuchwytny i ulotny, mglisty i ciemny, a jednak nie pozbawiony substancji.

Od początków świadomości ludzkość uznawała istnienie jakiejś obecności „ponad" sobą i dawała wyraz temu przekonaniu w najróżniejszy sposób.

Dlatego mój spokój i pogoda ducha nie wymagają wytłumaczenia.

Jeżeli mogę to wytłumaczyć, to znaczy, że to nie „to"

Wszechświat, w sensie duchowym, jest bezkresną otchłanią, wszechobecną i nigdy nie wypełnioną. Nie potrafię tego zrozumieć ani wytłumaczyć.

Moje miejsce w naturalnym porządku jest ważne, lecz nie musi być powszechnie znane. Jestem niczym, choć jestem wszystkim. Moje życie może być wspaniałe, nawet jeśli nikt tego nie rozumie ani nie wie, kim jestem.

Przekonanie, że nie muszę walczyć, by odnaleźć swoje miejsce we wszechświecie, pozwala mi na odprężenie, spokój i pogodę.

Teraz rozumiem

[...]
krzywe stanie się proste,
puste stanie się pełne,
stare stanie się nowe,
nieliczne stanie się mnogie,
mnogość wywołuje bezład [...]*

Jest to mój ulubiony wiersz z *Tao Te Ching*. A jednak po pierwszym przeczytaniu zrozumiałem go zupełnie opacznie. Zgoda na to, co niewytłumaczalne, jest jednym z darów mojego odrodzenia.

Początkowo zmuszałem się do tej zgody, ale na nic więcej nie było mnie stać. Czas pomógł mi w przyswojeniu mądrości tego przesłania.

Miałem szczęście! Zostałem zmuszony do poddania się, zmuszony do dokonania zmian, straciłem wszystko, a teraz mam to, co uważam za istotne – spokój wewnętrzny, pogodę ducha i pełne miłości stosunki z ludźmi.

Teraz rozumiem.

---

* Lao Tse, *Tao Te King*, przekład: Bernard Antochiewicz, Wyd. Silesia, Wrocław 1993

Powracając

Jak morskie fale, chmury, słońce i sam nurt wszechświata, oddalam się i powracam.

Czasem zatrważająca jest ta utrata uczucia błogości. Zawsze nieprzyjemna.

W naturalnym porządku rzeczy występują przecież nadmiary i niedostatki, takie jak powódź i susza, gwałtowny sztorm i morska cisza. A jednak wszystko powraca do stanu równowagi.

Niby dlaczego miałbym oczekiwać, że porządek ten nie będzie mnie dotyczył?

Świadomość, że jestem częścią naturalnego porządku, jest darem nieocenionym.

Jestem wdzięczny.

CZĘŚĆ II

Przebudzenie

Świadomość

Poszerzona świadomość jest zaczątkiem odrodzenia – wraz z nią odkrywamy siebie.

Wszyscy chcemy być piękni i pełni miłości. Wiedza o tym, że jest to możliwe, zawsze nam towarzyszy na drodze świadomego powrotu do zdrowia.

Świadomość uwalnia mnie od konieczności decydowania, czy jestem dobry, czy zły.

Świadomość pozwala mi być dobrym i nie wiedzieć o tym.

Marzenia nie pomogą

Marzenia, że dobrze byłoby być kimś innym – sławniejszym, bogatszym, silniejszym, piękniejszym czy weselszym – zakłócają moje dobre samopoczucie.

Zmieniając postawę marzycielską w postawę akceptacji i wdzięczności, pozbędę się niszczącego poczucia rozczarowania i utraty.

Sława, bogactwo, siła, uroda i wesołość są miłe, lecz do szczęścia niepotrzebne.

Punktem wyjścia jest dla mnie rzeczywistość chwili obecnej. Mogę wybrać zgodę na tę rzeczywistość i pozwolić, by rozpoczął się we mnie proces rozwoju, albo dalej fantazjować i pozostać w miejscu, w którym jestem.

Gdzie są moje uczucia?

Moje oczy mogą być moim wrogiem! Świat jest tak pełen iluzji, że nie sposób określić, co jest prawdą, a co złudzeniem.

Znaczną część życia strawiłem w pogoni za widokami, dźwiękami i smakami, w obawie, że coś mogłoby mi umknąć. W tej gonitwie największy udział miały moje oczy.

Nachalność reklamy i fantazje, które ona tworzy, nieomal pozbawiły mnie zdolności odczuwania.

Prawdziwe uzdrowienie nastąpi z chwilą, kiedy zacznę być posłuszny moim uczuciom, tak radosnym, jak i smutnym, zdając sobie sprawę z tego, że to właśnie one są prawdziwe i można im zawierzyć.

Nie czuję się bezpiecznie

Jestem zuchwały.
Jestem cyniczny.
Jestem krytyczny.
Jestem agresywny.

Nie czuję się bezpiecznie!

Odwieczny porządek jest spokojem.
Odwieczny porządek jest akceptacją.
Odwieczny porządek jest nieskończonością.

Odwieczny porządek jest pokorą i pełnią!

Przygotuję się na połączenie z nim.

Pozostanę pokorny, a będę wypełniony.

W górę i w dół

Ponieważ prawdziwy porządek rzeczy ma naturę cykliczną, czasem jestem na górze, a czasem na dole. Cykle te bywają gwałtowne, gdy nie jestem dostrojony do świata, a łagodne, gdy pozostaję z nim w harmonii.

Pamiętam przejmujący lęk, który towarzyszył mi podczas jednego z takich upadków. Żałuję, iż nie potrafiłem wówczas zrozumieć, że nie ma dla mnie innej drogi niż droga w górę. Moje myślenie było inne.

Pociesza mnie świadomość, że wszystko pozostaje w ciągłym ruchu, a ruch ten jest cykliczny.

Moje cykle przebiegają obecnie w sposób naturalny i spokojny. Niezbyt lubię być na dole, jednak teraz już rozumiem, że jest to po prostu druga strona tego samego medalu.

Samozadowolenie

Jestem leniwy i zadowolony z siebie, czy tylko sprawiam takie wrażenie?

Odpoczynek wśród nawału spraw regeneruje ciało fizyczne, ale nie głęboką duchowość.

Ciągłe wypoczywanie – w wypadku człowieka myślącego wyłącznie kategoriami doczesności – często oznacza lenistwo i nadmierne dogadzanie sobie.

Spoczynek w łonie Wielkiej Matki może sprawiać wrażenie ucieczki w błogie samozadowolenie, jednak jest to naturalna droga.

Wsłuchując się w mój głos wewnętrzny, poznaję, kiedy nadchodzi czas działania.

Kiedy pozostaję w harmonii z porządkiem wszechrzeczy, odpowiedź, podobnie jak wszystkie odpowiedzi, jest prosta i łatwa...

To naprawdę bez znaczenia!

Moje pragnienia stają na mej drodze

Silne pragnienie zmiany często niweczy wysiłek podejmowany w celu osiągnięcia tego, czego pragnę.

Podziwiam tych, którzy wykazują silne poczucie chwili obecnej i wrażliwość na to, co się wokół dzieje. Wygląda na to, że nie pozwalają się ponieść otaczającemu ich zgiełkowi. Sprawiają wrażenie, jakby pozostawali w oddaleniu.

Oddalenie i spokój, które cechują tych ludzi, pozwalają im na wstrzymanie się z podjęciem działania do nadejścia właściwej chwili.

Działanie, na jakie się decydują, uwzględnia zwykle zaistniałe okoliczności i pozwala uniknąć niepotrzebnego konfliktu.

Nie poszukując za wszelką cenę spełnienia, mogę być spokojny, gdyż wiem, że moje życie nie zostanie zdominowane przez niezdrową obsesję dokonywania w sobie zmian.

Skończyć natychmiast

Dosyć znaczy dosyć!

Nigdy nie mamy dosyć. Powstrzymanie się nie powinno być rozważane jako tylko jedna z wielu możliwości. Do granic wytrzymałości – to brzmi heroicznie, ale zwykle prowadzi do tragedii.

Uzdrowienie zależy od tego, czy potrafimy:

Skończyć natychmiast z dotychczasowymi niemądrymi działaniami;

skończyć natychmiast z szalonymi wysiłkami zmierzającymi do naprawienia skutków poprzednich działań;

skończyć natychmiast z obsesją szybkiego uzyskania pełnej pogody ducha.

Bogactwo i dobra materialne mogą nam zostać odebrane.

Wszelka umysłowa gimnastyka uprawiana dla zdobycia władzy, dóbr i prestiżu sprzyja autodestrukcji.

Będę pamiętał, że dosyć znaczy dosyć.

Brak własnego zdania

Mając zawsze własne zdanie, wiedziałem, kto ma rację, a kto jej nie ma. Wiedziałem, kto jest dobry, a kto zły.

Nie kochałem tych, których uważałem za złych. Czasami ich nienawidziłem.

Czy nie miałem racji? Skąd mogę wiedzieć, skoro i teraz nie wiem, co jest dobre, a co złe?

Co sprawiło, że aż tak się zmieniłem?

Przede wszystkim uświadomiłem sobie, że moje dawne przekonania uległy całkowitemu odwróceniu. Poza tym przekonałem się, że nie wszystko prowadzi do spełnienia.

Niewielki jest pożytek z posiadania własnego zdania.

Opowiadam się teraz za brakiem własnego zdania – wybieram wyzutą z ego postawę zgody na świat oraz związany z nią spokój i pogodę ducha.

Nic nie trwa wiecznie

Nic nie trwa wiecznie, ale nicość jest wieczna.

Co przez to rozumiem?

Wszystko, co należy do ludzkiego świata, zostaje odebrane – w chwili śmierci, a czasem nawet wcześniej. Nicość, niewytłumaczalny porządek wszechrzeczy, istniała, istnieje i zawsze będzie istnieć.

Dobra doczesne – rzeczy materialne, bogactwo, przyjaciele czy rodzina – są czymś cudownym, ale pod warunkiem, że zdołam uniknąć obsesyjnego przywiązania do nich, które unicestwi mnie w chwili, gdy rzeczy te utracę.

Szczęście, radość i zadowolenie to rzeczy ludzkie, które – jeśli pozwoli się im na naturalny rozwój – mogą prowadzić do czegoś więcej.

Uniwersalny porządek, jakkolwiek go nazwę, jest wszechobecny, wieczny i zawsze dostępny.

Milczenie

Spoczywam w łonie Wielkiej Matki wszechświata. Zaznając tego prawdziwego spoczynku, potrafię żyć pełnią życia i nie ulegać zarazem rozpraszającym wpływom chciwości, gwałtu i fałszywej miłości.

Kiedy nie mówię dużo, wiele słyszę.

Kiedy wiele mówię, nie słyszę niczego.

Kiedy jestem milczący i staram się odczuwać, wiele doznaję.

Kiedy jestem niespokojny, a coś zaprząta moją uwagę, odczuwam niewiele.

Kiedy jestem cichy i skupiony, moje życie jest pełne.

Kiedy taki nie jestem, życie jest pozbawione nadziei.

Wycofanie się, pochylenie i wejrzenie w siebie – do głębi serca – to droga Wielkiej Matki.

Pustka jest pełnią

Pustka nas denerwuje!

A jednak to puste przestrzenie sprawiają, że możliwe jest istnienie. Czy można wyobrazić sobie wszechświat bez pustych przestrzeni?

Dlaczegóż więc wszelka myśl o pustym umyśle ma tak negatywny wydźwięk?

Korzyści płynące z opróżnienia umysłu są nieprzebrane, jednak pod warunkiem, że jesteśmy gotowi pozwolić mu się wypełnić w odpowiednim momencie. Mogę zatem w dowolnej chwili zastąpić tę pustkę dobrymi myślami i uzyskać doraźny efekt odprężenia albo też dokonać wyboru innego, trwalszego nastawienia.

Mogę pozwolić, by w odpowiedniej chwili naturalny porządek zapanował nad moim umysłem.

To ostatnie rozwiązanie wypływa z podszeptu „wielkiej niewiadomej". Jest ona nieodłączną częścią mojego życia.

Choroba

Nie wiedziałem, że jestem chory. Nie podobało mi się, kiedy powiedziałaś mi o tym.

Mam po uszy tej choroby i jestem na drodze do wyzdrowienia.

Mam silne ciało.

Mój umysł jest jasny.

Mój duch wznosi się wysoko.

Jestem w nurcie wszechświata.

Dziękuję ci, Wielka Matko, za moją chorobę i mądrość, która pozwoliła mi ją dostrzec.

Jest jeszcze coś

To, co tajemnicze, niewidzialne i zawsze obecne, jest teraz częścią mojego życia.

Był taki czas, kiedy pogardzałem sobą, lękałem się i nie ufałem nikomu. Mnie również nie można było zaufać, ponieważ wtedy jeszcze nie wiedziałem, że głównym problemem jestem ja sam.

Odnalazłem potem wewnętrzne oparcie w przekonaniu, że jestem wart duchowej miłości, i sądziłem, że mnie to zadowoli. Coś jednak mówiło mi, że mogę osiągnąć więcej niż zwykłe zadowolenie.

Z pomocą wielu życzliwych mi ludzi odkryłem, że mam swoje – wypełnione miłością – miejsce w porządku wszechrzeczy.

Zmieniłem się, a zatem jestem przygotowany na wszelkie inne zmiany, które jeszcze we mnie nastąpią.

Jestem inny

Zawsze byłem inny i nie pasowałem do świata. A może tylko myślałem, że nie pasuję? Nie ma to już znaczenia, ponieważ wiem, że jestem inny i cieszę się z tego.

Kiedy borykałem się ze strasznym życiem, jakie prowadziłem przed uzdrowieniem, sądziłem, że moja sytuacja jest wyjątkowa.

Z chwilą gdy zacząłem powracać do zdrowia, odkryłem nowy świat pełen ludzi, którzy zrozumieli i przeszli to samo, co było dawniej moim udziałem.

Zostałem uwolniony od ciężaru. A teraz znów jestem inny.

Jestem samotny między przyjaciółmi.

Nie dążę do żadnego celu, ale stąpam pewnie.

Patrzę z oddalenia, ale świadomie.

Żyję tylko chwilą obecną.

Oświecenie to pełnia.

Jak dziecko

Pozostaję w nurcie życia i nic mnie nie rozprasza. Dlaczego miałbym zaprzątać sobie głowę wszystkimi sprawami tego świata, na które i tak nie mam wpływu?

Kontrowersyjne poczynania w sprawach wykraczających poza obszar moich zainteresowań opóźniają proces odrodzenia. Stwierdziłem, że pochylenie się i wycofanie sprawdzają się najlepiej w sytuacjach, które dotyczą mnie bezpośrednio.

Proste przyjemności życia są opoką, na której się wspieram, pozostawiając tym, których ambicje i gorliwość nie znają granic, niekwestionowany przywilej „rządzenia światem".

Jestem nieskomplikowany i zachowuję dystans. Dlatego mam czas i dość pokory, by dostrzegać innych ludzi.

Jestem dzieckiem wszechświata.

Nazwy

Nazwy...

Chrześcijanin, buddysta, muzułmanin...

Niemiec, Amerykanin, Chińczyk, Polak...

Mężczyzna, kobieta, dziecko, chłopiec, dziewczynka...

Nazwy są użyteczne, ale definiując nas, zarazem dzielą.

Wszyscy jesteśmy jednym...

Wszyscy jesteśmy częścią wszechświata...

Gdybyśmy tylko o tym wiedzieli!

Wszechświat jest mały

Wszechświat jest wszędzie i nigdzie. Jest wielki, a zarazem mały. Nie ma celu, a troszczy się o wszystko, co istnieje.

Naturalny porządek rzeczy nie jest dobry ani zły; istnieje wiecznie, a zarazem nie istnieje.

Tajemnica uniwersalnego porządku umyka mojemu zrozumieniu, a jednak wiem, że on jest i że mam w nim swoje miejsce. Nie żąda ode mnie niczego, a daje mi wszystko, czego potrzebuję.

To wielkie „coś" jest wielkie w takim znaczeniu, w jakim mówimy o czyjejś wielkości. Jest milczące i nie narzucające się do tego stopnia, że zaledwie potrafię rozpoznać jego obecność, ale jest – dla nas wszystkich.

CZĘŚĆ III

Powrót do zdrowia

Słabość jest potęgą

Kiedy płynie się w naturalnym nurcie, nie ma znaczenia, czy jest się pierwszym. Ja wolę pozostawać nieco w tyle, jeśli rzeczywiście mam się na coś przydać moim przyjaciołom i innym ludziom, wśród których żyję.

Kiedy jesteś niżej, wszystko, co dobre, spływa do ciebie, a kiedy tym dobrem się podzielisz, wszyscy na tym skorzystają.

Nie ma mistrza ani ucznia, nie ma silnego ani słabego.

To, co słabe, jest pełne mocy!

Kto służy pokornie, wiele otrzymuje.

Kto nie podejmuje rywalizacji, nie zostaje wciągnięty w obłąkańczą walkę.

Współzawodnictwo

Rywalizacja kosztem czyjejś krzywdy szkodzi nie tylko innym, ale i mnie samemu. Walka o byt jest czymś koniecznym. Współzawodnictwo dla rozrywki jest zdrowe, lecz tylko wtedy, gdy przegrana nie okazuje się tragedią.

Pojmowanie współzawodnictwa w kategoriach „wygranej za wszelką cenę" prowadzi do wynaturzeń w rządzeniu państwem, w interesach, sporcie, a nawet w naszych osobistych stosunkach z ludźmi. Jak można godzić się na coś takiego?

Wygrywając, czułem się wspaniale. Kiedy przegrywałem, czułem się podle.

Znam teraz lepszy sposób: współzawodniczyć i starać się najlepiej jak umiem, pod warunkiem że czynię dobrze, pozostaję w zgodzie z sobą i Bogiem, w którego wierzę, a przy tym potrafię zaakceptować wyniki takiego współzawodnictwa. Oto naturalny porządek rzeczy.

Najbardziej wyniszczające współzawodnictwo to rywalizacja z samym sobą... Jest jak trucizna!

Władza dzisiaj

Cywilizacja zawsze była bezwzględna. Cywilizowany człowiek walczy o pieniądze, władzę nad innymi, pozycję i sławę, które w jego oczach zastępują duchową prawdę.

Rzadko spotyka się człowieka, który sprawuje władzę i równocześnie odnosi się z szacunkiem do tych, którzy władzy nie mają. Ludzie mający władzę często ją tracą, głównie dlatego, że ich osobowości brak duchowego ładu.

Nie czuję żadnej potrzeby zdobywania władzy w jej wynaturzonej postaci. Wolę stać u boku tych, którzy naprawdę są potężni, przejawiając pogodę ducha i dbałość o wszystkich ludzi, niezależnie od sytuacji.

Rozwój duchowy zaczyna się wraz ze zgodą na miejsce, które zajmujemy, i przebiega dalej w miarę akceptacji wszechobecnego, naturalnego porządku rzeczy.

Zadowolenie

Chcę pieniędzy, domów, samochodów, futer, najnowszego sprzętu stereo, przyjaciół i... zadowolenia!

Mam wszystko, czego mi potrzeba, a jednak chcę więcej. Wtedy poczuję się bezpiecznie.

Ale czy będę zadowolony?

Moja wewnętrzna przestrzeń jest pusta, a ja tak długo i usilnie próbowałem ją wypełnić, że mam już ochotę zrezygnować.

Odnoszę wrażenie, że traktowałem duchowość w taki sposób, w jaki traktowałem auta, pieniądze i domy. Chciałem jej i walczyłem o nią.

Słyszałem, że pragnienia rodzą ból. Słyszałem też, że pokój i radość ducha są we mnie obecne, a ja powinienem tylko pozwolić, by się przejawiły.

Wierzę, że uda mi się zaprzestać walki i czekam na piękny dar zadowolenia.

Pułapki bogactwa

Kiedy zaczynam zazdrościć ludziom, których udziałem jest bogactwo, sława i splendor, czy pamiętam o milionach tych, którzy umierają z głodu i których życie nie ma absolutnie żadnego znaczenia?

Nasza kultura wysoko ceni bogactwo, sławę i przepych, a ja należę do tej kultury.

Kultury zmienić nie mogę, ale mogę w niej żyć, wybierając drogę leżącą pośrodku i nie zbaczać z niej w stronę, po której rządzi chciwość i poczucie zagrożenia.

Czasami przygnębia mnie świadomość kierunku, w którym zmierza ludzkość.

Kierunek ten nie pokrywa się z drogą naturalnego porządku.

Klęska i zwycięstwo

Niektórzy z nas stracili wszystko – ukochaną osobę, pieniądze, dom i firmę. Zatracili też siebie. Co za tragedia!

Wiele osób potrafi uznać tego rodzaju klęskę za początek własnego odrodzenia. Bywa, że taki kryzys okazuje się niezbędny, aby uczciwie wejrzeć w siebie i dostrzec właściwe sobie miejsce w porządku wszechrzeczy.

Kochane przez nas osoby, pieniądze, praca, a nawet nasza tożsamość nie są wieczne i możemy utracić je w każdej chwili.Wszyscy, nawet ludzie święci, muszą liczyć się z taką możliwością.

Co wówczas robić? Nic!!!

Wiedząc, że wszystko – poza uniwersalnym porządkiem – jest tymczasowe, można znaleźć spokój w poczuciu harmonii z wszechświatem, a okaże się, że strata nie jest prawdziwą stratą.

Szczęśliwe zakończenia

W przeszłości często zdarzały mi się niepowodzenia.

Porażki doznałem w chwili, kiedy byłem bliski osiągnięcia celu. Dlaczego?

Czy boję się odnosić sukcesy?

Czy nie jestem wart tego, by mi się udało?

A może powinienem zacząć od małych, łatwych kroków i pozwolić, by wszystko ułożyło się w sposób naturalny? Jeśli moje oczekiwania nie będą zbyt wygórowane, to może łatwiej mi się uda?

Spokojnie poświęcę tyle samo uwagi początkowi, co zakończeniu każdego przedsięwzięcia.

Zwyciężyłem, a jednak przegrałem

Tyle różnych wojen toczy się na świecie, że trudno nie zostać w nie wciągniętym. Wojny narkotykowe, wojny handlowe, wojny w sporcie oraz wielkie konflikty zbrojne – są wszechobecne i zawsze sieją zniszczenie.

Wygrałem osobistą wojnę o życiowy sukces i pozostawiłem za sobą ruiny. Lista poszkodowanych obejmuje drogie mi osoby, konkurentów, klientów, a także stan etyki w naszej kulturze i cały nasz świat. I mnie samego!

Jeśli zwyciężanie za wszelką cenę sprawia mi taką satysfakcję, to znaczy, że zadawanie bliźnim bólu i cierpienia musi być dla mnie niemałą przyjemnością.

Czy to naprawdę jestem ja?

Zysk i strata

Miałem dużo, a teraz mam niewiele. Tak to wygląda w oczach innych ludzi.

Miałem niewiele, a teraz mam mnóstwo. Tak ja to widzę.

Czy ozdrowienie odebrało mi rozsądek? Przypuszczalnie tak, w każdym razie z punktu widzenia „normalnych" ludzi. Ale mam w zanadrzu pewien sekret!

Odzyskałem siebie!

Byłem bogaty przed wyzdrowieniem – wszystko w porządku.

Jeżeli nadal jestem bogaty – niech tak będzie.

Jeżeli mam teraz niewiele, ale mam siebie, to mam wszystko, czego potrzebuję, i tak jest dobrze.

Zrozumiałem, że... musiałem stracić siebie, żeby się odnaleźć. Bogactwo i stan posiadania nie miały tu nic do rzeczy.

Sukces nie jest sukcesem

Powodzenie i sława wymagają nadzwyczajnego wysiłku i często prowadzą tych, którzy je osiągnęli, do megalomanii i przeceniania własnej wartości.

Bywa, że nawet ci, którzy nie zaznali w życiu rozgłosu, biorą na siebie dodatkowy ciężar megalomanii.

Udawanie oddala nas od naszego prawdziwego „ja".

Pysznienie się czymś naraża człowieka na śmieszność.

Chełpliwość bywa uznawana za objaw głupoty.

Nadmierne powodzenie wywołuje ludzką zawiść. Napięcie spowodowane koniecznością pilnowania własnego majątku i pozycji odbiera spokój i radość życia.

Za prawdziwe osiągnięcie uważam odnalezienie swojego miejsca we wszechświecie i to, że czasem mogę przysłużyć się ludziom.

Mniej znaczy więcej

Do tej pory starałem się w życiu więcej zrobić i więcej się nauczyć. Czy jest w tym coś złego? Zaczynam się zastanawiać.

Czy byłem tak zajęty, że piękno życia umknęło mojej uwagi? Może byłem tak skupiony na gromadzeniu informacji, że straciłem spokój wewnętrzny, który powinien stać się moim udziałem? Co robić?

Porzucę te poczynania, które miały dać mi spełnienie, a nie dały. Oddalę od siebie potrzebę poznawania wszystkiego i wejrzę w siebie, żeby sprawdzić, czy nadal tam jestem.

Jeśli „więcej" zawiodło mnie do miejsca, w którym się znalazłem, to mogę jedynie założyć, że „mniej" doprowadzi mnie tam, gdzie chciałbym być.

System

Jestem częścią systemu, w którym istnieje bieda i bogactwo.

Co czynić, skoro tak trudno się z tym pogodzić?

Będę załatwiał wszystkie sprawy, pozostając w zgodzie ze sobą, choćby miało mnie to wiele kosztować.

Postanawiam pogodzić się z tym, czego nie mogę zmienić, darzyć sympatią tych, którzy mimo wszystko próbują to czynić, i dzielić się wszystkim, co cenne.

Nieważne, ile posiadam – zawsze znajdę coś, czym zdołam się podzielić.

Nie ma w tym nic z dobroczynności, to całkiem naturalne.

Dzięki temu – żyjąc w niedoskonałym świecie – pozostanę w naturalnym nurcie wszechświata.

Niesprawiedliwe

Życie jest niesprawiedliwe... Dlaczego?

Któż to wie? Ani nauka, ani najmędrsi z mędrców nie potrafili udzielić odpowiedzi na to pytanie.

Taki jest porządek rzeczy, że – niezależnie od gatunku – niektóre istoty są osłaniane, inne zaś wiodą krótki i ciężki żywot.

Ta przypadkowość w łonie uniwersalnego porządku nie znajduje wytłumaczenia.

Zaakceptuję swoje miejsce w świecie, przylgnę do Matki Wszechrzeczy, a wszystkie moje potrzeby zostaną zaspokojone.

Istnieje jakiś uniwersalny plan. Nie wiem tylko, jaki.

Życie cenione zbyt wysoko

Dla zgnębionych i załamanych życie nie przedstawia wielkiej wartości.

Kiedy ktoś nie ma nic do stracenia, niewiele ryzykuje.

Kiedy mam wszystko w sferze materialnej, a niczego w sferze ducha, życie nie ma wielkiego znaczenia, a śmierć wydaje się całkiem rozsądną alternatywą.

Narodziny, życie i śmierć są częściami jednego procesu. Same są tym procesem.

Wiedząc o tym, żyję dniem dzisiejszym, nie myśląc o życiu i śmierci.

Dlaczegóż zatem tak ceniłem życie i lękałem się śmierci? Bałem się stracić coś, czego w rzeczywistości nie posiadałem.

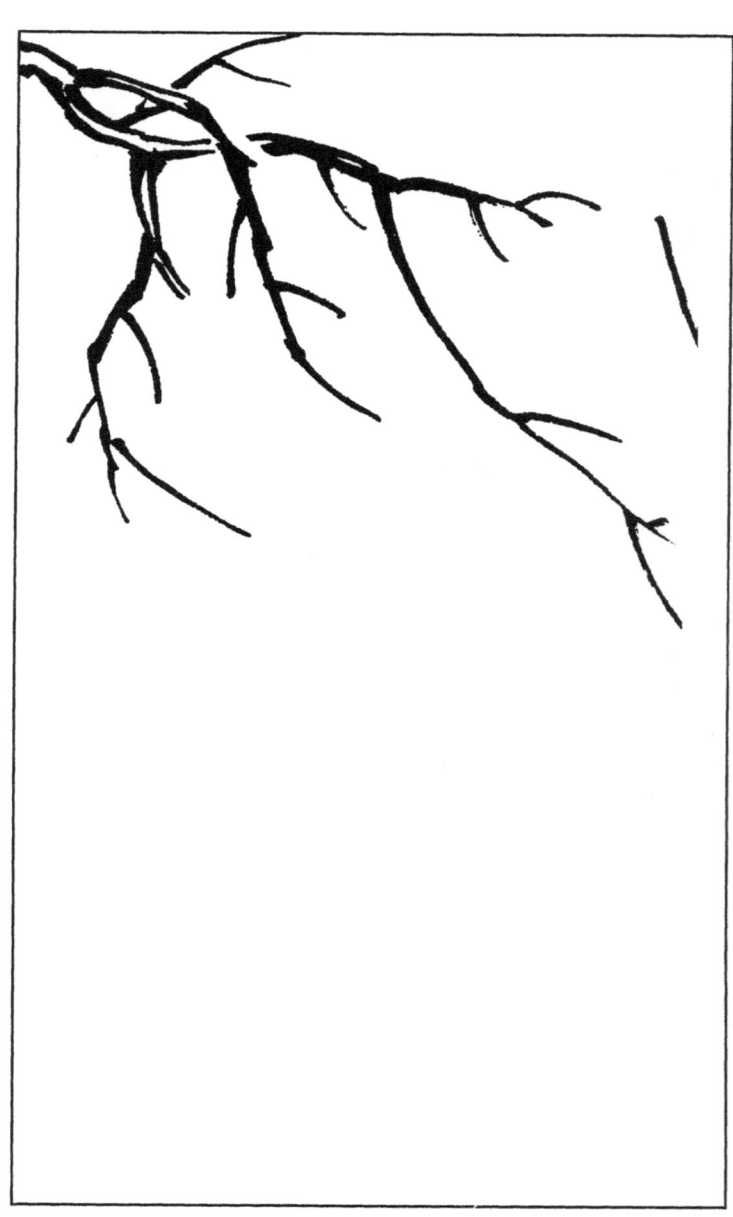

Suchy i zwiędły

Zieleń i giętkość kojarzą się z życiem; to, co wyschłe i zwiędłe, oznacza śmierć.

Kiedy byłem w średnim wieku i czułem się nędznie, byłem suchy i zwiędły, i – sądząc po tych objawach – martwy. Uzdrowienie zmieniło wszystko.

Odnalezienie własnego miejsca w porządku rzeczy przywróciło mi życie i to takie, jakiego nigdy nie zaznałem: pełne zgody i akceptacji, ze zdolnością przystosowania, sprężystością ciała i giętkością umysłu oraz spokojem wewnętrznym, który przekracza wszelkie wyobrażenia o tym, czym może być spokój.

Młodzi czy starzy – wszyscy mamy przed sobą ten sam wybór: między tym, co suche i zwiędłe, a tym, co zielone i giętkie.

Chcę żyć i umrzeć jak dereniowy krzew lub soczysta gałąź klonu.

Szkodliwa pomoc

Chciałbym zwrócić uwagę na to, jak różnie można pomagać innym ludziom. Próbowałem tego dawniej, ale z jakichś powodów pomoc ta nie przynosiła dobrych skutków. Czegoś brakowało.

Nie wygląda na to, by ludzie mieli ochotę porzucać własne poglądy i przyjmować moje. Warto rozważyć, czy nie powinienem pozwolić im na uczucia i przekonania, do których przywiązują wagę.

W końcu przecież wiem, że naprawdę ważne i trwałe wartości są wieczne, i nie pochodzą od człowieka.

Czyż nie rozwinąłem się wystarczająco, bym nie mógł przyznać tym, którym chcę pomagać, przywileju odnajdywania własnej drogi do szczęścia?

Będę ostrożny w obcowaniu z ludźmi, natomiast otworzę się całkowicie na niezmierzone zasoby tego, co wielkie i nieznane.

Praca bez wysiłku

Ciemność, która jest niczym, ogarnia wszystko.

To, co niematerialne, dociera wszędzie.

Myślę o prawdziwie naturalnych twórcach, muzykach i sportowcach, oraz o rzucającej się w oczy swobodzie, z jaką działają: rozluźnieni... odprężeni... skoncentrowani.

Myślę o tych wielkich ludziach, którzy nie mieli żadnego talentu, a osiągnęli swoje za sprawą gigantycznego wysiłku i poświęcenia... rzecz godna podziwu, ale jakże kosztowna nerwowo.

A zatem mogę albo wysilać się i ciężko borykać z narzuconą sobie pracą, albo się odprężyć i odnaleźć moje naturalne i radosne „ja", które nie zna innego sposobu na życie jak podążanie za naturalnym biegiem rzeczy.

Siła

Użycie siły wywołuje opór.

Opór powoduje utratę siły.

Wszechświat, nasz świat, narody i ludzie – wszyscy i wszystko przeciwstawia się przemocy, w ostatecznym rozrachunku niwecząc siłę tych, którzy do przemocy się uciekają.

Zmaganiom tym towarzyszą zamęt, nieszczęścia i wojny.

Istnieją drogi łagodnie i skutecznie wiodące do celu, na których nie panoszy się samolubstwo, pycha i zwycięska chwała.

Miejsce, które zajmuję w uniwersalnym porządku świata, pozwala mi osiągać to, czego mi potrzeba, bez uciekania się do użycia siły.

Jakie to cudowne uczucie!

Bez użycia przemocy

Niezaangażowanie sprawia, że przemoc traci swoje uzasadnienie.

Przemoc często rodzi się za przyczyną tych, którzy sądzą, że ich droga jest jedyną słuszną drogą. Gorliwcy wymagają, by wszyscy przyjęli ich punkt widzenia.

Na drodze ducha jest miejsce dla wszystkich przekonań. Są one częścią jedności.

Zniewoleni odczuwają pokusę, by przemocą obalić ciemiężców.

Istnieje inna droga – droga oporu bez użycia przemocy...

Dystans i pokora pomagają unikać przemocy, a mimo to korzystać z owoców życia.

Widzę, nie patrząc

Podróżowałem po świecie, zobaczyłem wszystko, a jednak nie widziałem niczego.

Im więcej się dowiaduję, tym mniej wiem.

Patrzyłem i słuchałem w nieodpowiednich miejscach. Pewnie to prawda, bo inaczej przecież i ja, i moi wysoko postawieni przyjaciele, bylibyśmy chyba szczęśliwi?

Moja piękna Wielka Matka powiedziała mi, żebym wejrzał w siebie i tam odnalazł zadowolenie.

Spójrz na drzewa, a zobaczysz wszystko.

Posłuchaj śpiewu ptaków i szumu wiatru w koronach drzew, a usłyszysz wszystkie głosy.

Może już czas posłuchać rady Wielkiej Matki, która wie wszystko, i zacząć słuchać we właściwym miejscu?

Może ona ma rację?

CZĘŚĆ IV

Życie

Wspólnota

Uzdrowienie rodzi poczucie wspólnoty.

Ludzi powracających do zdrowia łączy trwała więź.

Powracający do zdrowia traktują się nawzajem jak starzy przyjaciele.

Ludzie ci są prostoduszni i uczciwi w stosunku do samych siebie.

Ci, którzy powracają do zdrowia, mają świadomość swojej śmiertelności.

Odnoszą się do wszystkich ludzi jak do członków własnej rodziny.

Powracający do zdrowia szanują cudze prawo do własnego życia i śmierci.

Ludzie, którzy powracają do zdrowia, są wyjątkowi... choć zwyczajni.

Natura

Świat duchowy nie stawia żadnych wymagań; nie żąda nawet szacunku dla ducha. Szacunek zawiera się w naturalnym porządku rzeczy.

W prawdziwej miłości nie narzuca się niczego. Prawdziwa miłość oznacza wolność i szacunek dla ukochanej osoby.

Otoczenie wywiera wpływ na nasze życie — niektórzy ciężko zmagają się z przeciwnościami losu, a inni mają silne poczucie jedności ze światem. Naturę można pojmować jako wroga, którego należy pokonać, albo ducha, który jest jak przypływ i odpływ morza — ożywiający wszystko w ciągłym cyklu narodzin i śmierci.

Szacunek, honor i zasługa staną się moim udziałem w chwili, gdy odnajdę siebie, a nad moim życiem zapanuje duch bezmiernego spokoju i radości. Darząc szacunkiem i chroniąc naturę, będąc jednością z ziemią, niebem i powietrzem niezależnie od okoliczności, kroczę drogą wieczystego, naturalnego porządku.

Zobowiązania

Moje stosunki z innymi ludźmi narażone bywały na szwank, ponieważ często zapominaliśmy o wywiązywaniu się z tego, co uznawaliśmy za wzajemne zobowiązania.

Czy chcielibyście, żebym w waszym imieniu oceniał wasze własne powinności? Zapewniam was, że ja bym sobie tego nie życzył.

Obecnie pogodziłem się z tym, że nie mogę sprawić, byście przyjęli moje oceny za swoje, jednak mogę wam je wyjawić, a i sam chętnie wysłucham, co wy o nich sądzicie.

Miejmy nadzieję, że wszyscy dojrzejemy do tego, by lepiej się wzajemnie rozumieć, a przede wszystkim – że będziemy mniej wtrącać się w cudze sprawy.

Rzecz jasna nie zawsze nam się to uda. Co do mnie – będę się starał to zrozumieć.

Niewielkie ryzyko

Borykać się z własną pracą, dbać o rodzinę, zabiegać o innych, poszukiwać odpowiedzi na dręczące nas pytania we wszystkich niewłaściwych miejscach – to ogromnie wyczerpujące.

Musi istnieć jakaś lepsza droga.

O ileż korzystniej jest zachować równowagę i spokój i częściej obcować z samym sobą. Mamy wówczas więcej energii i poczucia własnej godności, a tym samym więcej uwagi możemy poświęcić innym.

Jeśli czegoś nie mam, nie mogę tego dać.

Czasami przyłapuję się na zwątpieniu w sens „spokojnej drogi". Może się jednak kiedyś okazać, że rozpacz zrodzi we mnie postanowienie, by nią podążyć.

A z drugiej strony mam wrażenie, że nie poniosę zbyt wielkiego ryzyka, jeśli siądę spokojnie i posłucham mego wewnętrznego głosu, żeby przekonać się, co ma mi do powiedzenia.

Ryzyko niewielkie, a potencjalna korzyść – przeogromna.

Dystans

Rozglądam się wokół i widząc tych, którzy dzielą się pogodnie z innymi swoją siłą i mądrością, zastanawiam się, co takiego mają w sobie, że budzą we mnie podziw. Mam wrażenie, iż sprawia im radość trzymanie się z dala od świateł rampy i że są zadowoleni, mogąc być sobą. Chyba dlatego zawsze czuję się dobrze w ich towarzystwie.

Zwyczajne zainteresowanie moją osobą, bez skwapliwego przejmowania na swoje barki moich trosk lub pouczania mnie o tym, co powinienem czynić, zasługuje na szacunek. To właśnie mi odpowiada.

Rozumiem, że największe szanse na zdobycie siły i mądrości będę miał wtedy, gdy mój umysł będzie spokojny, a ja zachowam rozsądny dystans wobec tego wszystkiego, co może przeszkodzić mi w duchowym rozwoju.

Pozostawanie na uboczu pozwala unikać zbytniego rozproszenia.

Jestem niespokojny

Nie mam oparcia, nie mam też korzeni!

Wszystko to przesada. Przecież moje życie stałoby się nieznośnie nudne. Wiem, że to, czego szukam, znajduje się gdzieś tam, a ja – gdybym tylko wytężył wzrok – odnalazłbym to.

A przecież znam kilku cichych i spokojnych ludzi, którzy – co dziwne – nie wydają się znudzeni. Kiedy sięgam pamięcią wstecz, przypominam sobie, że niektórzy z nich jeszcze parę lat temu byli tacy, jak ja dzisiaj.

Zmęczyła mnie ta bieganina i kolejne próby odnalezienia się. Chciałbym zostać jedną z takich spokojnych i pogodnych osób i odnaleźć swoje korzenie w naturalnym porządku wszechświata.

Jestem gotów.

Umiarkowanie

Tak się rozgadałem, że już chyba nie bardzo wiesz, o czym mówię.

Ty dzielisz się swoimi myślami szczerze i krótko, a ja rozumiem.

Wielkie zawieruchy sieją zniszczenie i trwają krótko. Łagodny, stały powiew wiatru nieprzerwanie nawilża i użyźnia ziemię.

Będę oszczędny w słowach i czynach i stanę się jednością z wszechświatem. Wówczas zaprzyjaźnimy się i powierzę ci wszystkie myśli.

Tego właśnie sobie samemu życzę.

Niziny

Nadmorskie niziny mają naturę kobiecą. Są otwarte... chłonne... ciche... spokojne.

Moi nowi przyjaciele, towarzysze na drodze odrodzenia, przypominają mi owe nadbrzeżne niziny. Wszystko, co dobre, zdaje się spływać ku nim, a oni są tego świadomi i chłonni.

Ich duchowość jest bogata i płodna.

Kierują się intuicją.

Zapuścili swoje korzenie.

Są powiązani z niebem tak, jak moczary z mgłą i deszczem.

Jestem wdzięczny za moich wspaniałych, uzdrowionych przyjaciół.

Motywacja

Zrobiłem wszystko, co należy, aby coś w życiu znaczyć i coś osiągnąć. Hojne datki i bezinteresowne działania w słusznej sprawie opłaciły się sowicie. Cieszę się powszechnym uznaniem i szacunkiem.

Dlaczegóż więc zazdroszczę mojej znajomej, która bez rozgłosu pomaga wszystkim i udziela się w każdej sprawie, nawet takiej, którą można by określić jako niesłuszną? Jej działaniom nie towarzyszy poklask i uznanie. Jakie czerpie z tego korzyści?

Czy to możliwe, by czyny i wydane pieniądze były mniej istotne od pobudek, którymi się kierujemy?

Dawanie bez myśli o nagrodzie jest mi obce. A jednak po głębszym zastanowieniu wiem, że na tym właśnie polega działanie ducha.

Skarby ducha są niezmierzone i rozdzielane bezinteresownie.

Bohaterowie

Nie uważam już naszych tradycyjnych bohaterów za wzory godne naśladowania.

Teraz istnieje tylko Wielka Matka.

Wszyscy jesteśmy podobni.

Wszyscy pozostajemy w objęciach Wielkiej Matki, która – milcząc i nie wyróżniając nikogo – niczego przed nami nie tai.

Nic więcej nie da się tu powiedzieć.

Jest tak, jak jest!

Przywódcy nie są przywódcami

Są tacy, którzy uchodzą za zwyczajnych ludzi, ale zarazem mają w sobie coś takiego, że wszyscy pragniemy podążać ich śladem. To prawdziwi przywódcy.

Ich zrozumienie rzeczywistej natury rzeczy i otwartość na wszystko, co nieznane, sprawia, że kochamy ich i szanujemy bez obawy, że zechcą nad nami panować lub kierować naszym życiem.

Prosta, szczera i nie zagrażająca miłość jest rzadkością w dzisiejszym świecie.

Tak, w głębi duszy rozpoznaję w nich prawdziwych przywódców.

Chaos przyciąga „ekspertów"

Świat pełen jest chorych ludzi, którzy czerpią własne poczucie wartości z doradzania innym chorym. Na wieki zachowam wdzięczność dla tych mądrych dusz, które potrafiły kochać mnie wystarczająco mocno, by pozwolić mi odnaleźć własną drogę.

Kiedy moje życie trawi chaos moich własnych szalonych poczynań, chwytam się każdego skrawka nadziei. Trudno powstrzymać się od zasięgania porady u innych. A jednak nikt inny nie zdoła rozwiązać moich problemów. Może jedynie podzielić się ze mną swoim doświadczeniem, siłą i nadzieją.

Pozostawić sprawy własnemu biegowi – oto odpowiedź.

Będę darzył miłością tych, którzy pospieszyli do mnie z dobrą radą, ponieważ działali w najlepszej wierze.

Będę otaczał czcią tych, którzy pozwolili mi doczekać nadejścia odpowiedzi stamtąd, gdzie panuje ład, równowaga i harmonia.

Przemyślność

Nie ufam ludziom przemyślnym.

Jeśli sprawy nie są proste i zrozumiałe, mam nieodparte wrażenie, że coś się przede mną ukrywa.

Przemyślność wydaje się nakazem dnia... pospiesznie zawierane umowy, rywalizacja, doraźne sukcesy, a także kołtuństwo, które idzie w parze z ciągłym przerzucaniem czegoś na innych. Jakież to chore!

Mam zamiar unikać wszystkiego, co skomplikowane i efektowne. Chcę żyć spokojnym i pogodnym życiem.

Nie mam już ochoty na wędrówki w krainę ego, niezależnie od okoliczności.

Kiedy odczuję pokusę, by zostać jedną z takich przemyślnych osób, powiem sobie: „Koniec przygód z ego".

Zwodnicze i kłopotliwe

Zauważyłem, że ci z nas, którzy wkraczają na drogę odrodzenia, przechodzą przez trzy typowe etapy.

Nagle zdałem sobie sprawę, że i ja przez nie przeszedłem. Trudno mi nieraz uwierzyć, iż mogłem egoistycznie wyobrażać sobie, że znam odpowiedzi na wszystkie pytania.

WIELKA MĄDROŚĆ – „Teraz ci powiem, jak powinieneś postępować na swojej drodze".
WIELKA UPRZEJMOŚĆ – „Pomogę ci rozwiązać każdy problem".
WIELKA PRZEBIEGŁOŚĆ – „Możemy zbić na tym fortunę".

Brzmi znajomo, prawda? Jeśli chodzi o mnie – aż się skręcam ze wstydu!

Teraz, kiedy już zdałem sobie sprawę z tych nadużyć, odrzucam je i powracam do cichego, prostego życia, w którym ujawnia się moja prawdziwa natura.

Wtrącanie się w cudze sprawy

Miałem zwyczaj mieszania się w sprawy innych ludzi, a oni nie wydawali się zachwyceni moją pomocą. Teraz pozwalam innym na godne kierowanie swoim życiem.

Zawsze z uporem dążyłem do perfekcji, a dążenie to rodziło napięcie i wywoływało rozżalenie mego otoczenia. Teraz akceptuję własną niedoskonałość i wybaczam ją sobie.

Byłem głośny i chełpliwy, więc ludzie unikali mnie. Obecnie żyję życiem cichym i spokojnym.

Zwykle żądałem więcej, niż mi się należało, i ludzie oszukiwali mnie. Teraz godzę się z wdzięcznością na to, co przypada mi w udziale.

Jestem pomocny, ceniony i lubiany, i zawsze otrzymuję to, czego mi naprawdę potrzeba.

Ludzie darzą mnie miłością.

Pilnować swego nosa

„Mówiłem wam i powtarzam..." Rumienię się, wspominając czasy, kiedy zwracałem się do was w ten sposób.

Cała niedorzeczność polegała na tym, iż oczekiwałem, że zechcecie mnie wysłuchać. Dlaczegóż w ogóle mielibyście mnie słuchać, zaatakowani w ten sposób?

Nauczyłem się, że zmienić mogę tylko samego siebie. Uwolniło mnie to od ciężkiego brzemienia odpowiedzialności za wszystkich i dało nieznane dotąd poczucie wolności.

Teraz, kiedy już umiem „pilnować swego nosa", pozostawiam wam wolny wybór: Kiedy zechcecie rozpocząć powrót do zdrowia – i czy zechcecie – to wyłącznie wasza sprawa.

„Niedziałanie" nie jest brakiem działania

Przyswojenie sobie nawyku zajmowania się własnymi sprawami i nie mieszania się w cudze było – prawdę mówiąc – niełatwe.

Jeszcze trudniej było uświadomić sobie, że najlepszą metodą pilnowania własnego nosa jest przyjęcie postawy „niedziałania", dopóki sytuacja nie ustabilizuje się.

Ku mojemu zdziwieniu, w miarę jak „niedziałanie" pozwalało mi dostrzegać dary duchowe, które pojawiały się kolejno w moim zasięgu, zaczynałem podejmować inne działania, które nie wymagały żadnej decyzji z mojej strony – działania, w których kierowałem się miłością.

Zrozumienie istoty „niedziałania" połączyło mnie z porządkiem wszechrzeczy, sprawiając, że wszelkie czyny wypływają teraz ze mnie w sposób naturalny, są pełne ciepła i serdeczności.

Nie potrafię objaśnić sensu „niedziałania" – mogę go jedynie doświadczyć.

Gdzie oni się podziewają?

Uzdrowienie przychodzi łatwo, kiedy rozumiemy przebieg tego procesu.

Kiedy próbujemy wszystkiego dokonać samodzielnie, uzdrowienie okazuje się trudne.

Sekret łatwego odrodzenia leży w poddaniu się nurtowi wszechrzeczy.

Zatracić się bez reszty w dążeniu ku duchowości – to coś, co budzi lęk. Kres tej drogi przejmuje drżeniem. Niewielu zaszło tak daleko.

My rzuciliśmy się z wiarą w nieznaną ciemność, ku szczęśliwemu światu.

Gdzie się podziewają ci wszyscy, którzy jeszcze nie przyłączyli się do nas na drodze odrodzenia?

Czekamy na nich z otwartymi ramionami.

Nie osądzaj – nie lękaj się

Myśląc poważnie o powrocie do zdrowia, będę unikał tych rzeczy, które staną na drodze mego rozwoju.

Kochając siebie i innych dostatecznie mocno, by pozwolić wam iść własną drogą, nie czuję potrzeby oceniania nikogo, nawet siebie. Dzięki temu mogę bez przeszkód skupić się na sobie i rozpoznać moje miejsce w wielkim porządku świata.

Nie osądzając cię, nie muszę się ciebie lękać. Nie bojąc się, nie muszę cię osądzać.

Zamieniając „ciebie" na „wszechświat", nie muszę bać się niczego, nawet śmierci.

Dobro

Mogę marzyć o dobrym i godziwym świecie albo też wcielać to dobro w życie tam, gdzie jestem. Fantazja przeciw rzeczywistości.

Niektórzy są z natury ludźmi czynu, inni zaś do tej roli nie pasują. Ani jedni, ani drudzy nie są z tego powodu dobrzy czy źli – są po prostu odmienni.

Nie jestem człowiekiem czynu, ale żyjąc w sposób spójny i pełny, będę czynił to, co leży w mojej mocy.

To, co jest we mnie piękne, udziela się najpierw mojej rodzinie, następnie przyjaciołom, potem miejscowości, w której mieszkam, całemu narodowi, a wreszcie i światu.

Mój wkład w to dzieło – choćby i skromny – ma znaczenie... i mogę go wnieść.

Wielkość

Wielkość bywa dwojaka. Czasem jest tak doskonała, że staje się iluzją. Ta druga wielkość nie zawsze jest oczywista i najczęściej trudno ją rozpoznać, ale to ona jest prawdziwa.

Mogę być wielkim, nie będąc doskonałym, i nikt nie będzie wiedział o mojej wielkości.

Nie muszę być wielkim mówcą, żeby powiedzieć wam, że was kocham, i to kocham szczerze.

Nie muszę być doskonałym człowiekiem, żeby móc opowiedzieć wam o moich osobistych wadach.

Nie muszę być geniuszem, by z wami rozmawiać i zrozumieć wasz punkt widzenia.

Wielkość to prostota i uczciwość.

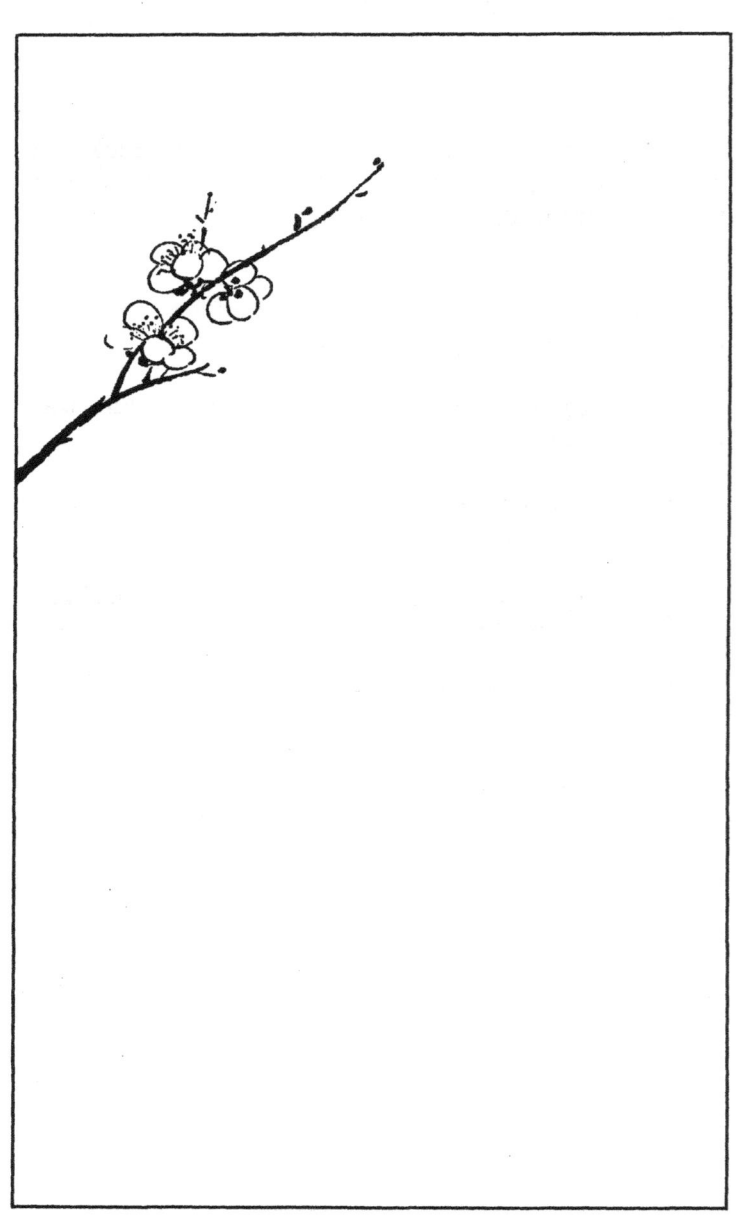

Wielkie, choć drobne i proste

Nurt wszechświata jest nurtem prostoty.

Nie dam się zwieść tumultowi, który mnie otacza. Mógłby mnie wciągnąć i narzucić mi mętną wizję świata.

Poczucie rzeczywistości polega na odnajdywaniu wielkości w prostych czynnościach, które można wykonać w sposób naturalny. Zgodnie z porządkiem rzeczy, drobne czynności składają się na wielkie dokonania.

Kiedy pojawiająca się trudność wymaga jedynie drobnych działań, podejmuję je niezwłocznie.

Żywi umarli

Są tacy ludzie, którzy żyją i kochają życie, oraz tacy, którzy nienawidzą życia i sławią śmierć. Są też i tacy, którzy po prostu przemykają od narodzin do śmierci, wcale nie żyjąc.

Do których z nich należałem? Jaki mam być teraz?

Wkraczam właśnie na ścieżkę prowadzącą do oświecenia, na której przyjmuję życie i śmierć jako naturalny porządek rzeczy.

Moje życie będzie wolne od lęku przed śmiercią, głupoty, przemocy i płaszczenia się przed innymi, i wypełni się pięknem, spokojem oraz spontaniczną radością istnienia.

Przeszłość minęła, a przyszłość jest tu i teraz... jestem gotów.

Odpowiedzialność

Odpowiedzialność za świat jest nie do udźwignięcia.

Odpowiedzialność za pracowników – to przytłaczający obowiązek.

Odpowiedzialność za tych, których kochamy, rodzi poczucie winy będące wynikiem popełnionych w przeszłości błędów oraz tego, że nie sprostaliśmy postawionym sobie wymaganiom.

Człowiek prawdziwie dbały i współczujący pozostaje pogrążony w duchu wszechświata i odnajduje bezpieczeństwo oraz oparcie w Wielkiej Matce – tak dla siebie, jak i dla innych.

Chcę kochać ludzi wystarczająco mocno, by pozwolić im podążać własną drogą. Wierzę, że gdy odnajdę w sobie duchowe źródło i uzyskam wewnętrzny pokój, zaowocuje to bezpieczeństwem i pożytkiem dla wszystkich.

Osamotnienie

Trudno wyzdrowieć z poczucia osamotnienia... jest to kwestia odzyskania ufności.

Aby nigdy więcej nie zaznać tego uczucia, należy odnaleźć bezpieczeństwo wewnątrz siebie. Wówczas żadne odejście nie będzie oznaczało osamotnienia.

Droga duchowa jest drogą prawdziwego bezpieczeństwa.

Zaufaj swojemu wyższemu „ja".

Zaufaj sobie.

Ufaj przyjaciołom.

A wreszcie zaufaj, że żyjesz we właściwym miejscu i właściwym czasie.

Nie zaznasz wtedy poczucia osamotnienia.

Nadzieja

Był czas, kiedy najzwyczajniej nie byłem zdolny poświęcić się niczemu, nie wspominając nawet o czymś tak trudnym, jak próba osiągnięcia duchowego oświecenia.

Zmieniłem się...

Tam, gdzie nie było nadziei, odnalazłem nadzieję.

Gdzie nie miałem przyjaciół, znalazłem ich.

Byłem bez pieniędzy, ale znalazłem je.

Tam, gdzie znikąd nie mogłem oczekiwać pomocy, nadeszła pomoc.

Tam, gdzie mnie nie było, odnalazłem siebie.

W obliczu niemożliwości zawsze pojawiało się doskonałe rozwiązanie, gdy tylko otwierałem się na działanie mocy ducha.

Obfitość

Niewielkie przyzwolenie na swobodny bieg rzeczy zmienia nasze życie na lepsze.

Przyzwolenie, by wiele spraw toczyło się własną koleją, przynosi radość i szczęście.

Wypuszczenie z ręki wszystkiego sprowadza obfitość wszystkich rzeczy.

Wypuściłem z ręki wszystko i jestem teraz dzieckiem wszechświata.

Jako dziecko wszechświata znajduję oparcie w Wielkiej Matce...

Wszystko spływa ku mnie w ogromnej obfitości.

Osiągnąłem spełnienie. Jestem wdzięczny.

w sprzedaży

Ray Grigg

Tao związków miłosnych

To księga myśli o miłości między kobietą i mężczyzną. Lecz nie tylko. Mowa w niej przede wszystkim o wszechobecnej zasadzie tao: zasadzie równowagi przeciwstawnych, a zarazem dopełniających się sił, których wykładnią jest również miłość – zarówno seksualna, jak i idealna. Piękna książka o głębi duchowej i fizycznej związku dwojga ludzi.

w sprzedaży

Raymond M. Smullyan

Tao jest milczeniem

Tao jest milczeniem w sposób bardzo szczególny, pozbawiony osłony tajemniczości, prosty, a przede wszystkim twórczy wyjaśnia znaczenie i wartość mądrości Wschodu dla zachodniego czytelnika. Raymond M. Smullyan dowcipnie, może nieco przewrotnie, lecz z pełnym respektem dla obcych przekonań religijnych opisuje najróżniejsze dziedziny życia, od uprawy ogródka począwszy, a na komputerach marzących o tym, że są ludźmi, skończywszy, właśnie poprzez pryzmat tego, co dzisiaj nazywamy myślą Wschodu. Nie pomija nawet rozważań na temat drzemki, bo prawdziwy Mędrzec zapada w sen nie dlatego, że chce, lecz dlatego, że jest śpiący. Być może po lekturze tej książki uznamy, że myśl Zachodu jest wspaniała oraz że obydwie mogą razem radośnie egzystować, gdyż humor z całą pewnością jest czymś uniwersalnym.

w sprzedaży

Neville Shulman

Zen w sztuce zdobywania szczytów

Zen w sztuce zdobywania szczytów nie tylko opisuje filozofię, która pomogła jej autorowi zdobyć szczyt Mont Blanc, lecz jest relacją ze zmagania się z najróżniejszymi trudnościami i wątpliwościami. Jeżeli chcemy spokojnie i efektywnie przejść przez wyzwania stawiane przez życie, to uzupełnienie opisu wyprawy alpinistycznej cytatami zaczerpniętymi z zen może okazać się bardzo korzystną pomocą. Ponieważ zaś wysiłek potrzebny do odkrycia samego siebie podobny jest do wysiłku niezbędnego do zdobycia szczytu, *Zen w sztuce zdobywania szczytów* może też być traktowany jako podręcznik rozwoju duchowego, u którego podstaw legło przekonanie, że wysiłek fizyczny łatwo można przemienić w doświadczenie o charakterze mistycznym, czyli w doświadczenie głębi. W końcu każdy ma jakieś osobiste góry, które niewzruszenie czekają na zdobycie.

w sprzedaży

Nan Huai-chin

Góra Traw

Książka jest ciepło napisanym i niezwykle inspirującym człowieka Zachodu dziennikiem z tygodniowego spotkania z niekwestionowanym mistrzem Nan Huai-chin. Przedstawiona w niej relacja z treningu ch'an pochodzi od ludzi, którzy osobiście doświadczyli wchodzenia w medytację metodą hua-t'ou. Uczniowie, słowami mistrza, mówią o sposobach budzenia energii ch'i, o kierowaniu jej przepływem, o tym, jak dzięki siłom umysłu, bez odwoływania się do ćwiczeń fizycznych, można osobiście jej doświadczyć. Do tej pory niewiele napisano o stronie psychicznej i emocjonalnej tradycyjnego wschodniego treningu. Tutaj zaś mamy wykaz wszelkich zmian, które pojawiają się w czasie ćwiczeń, a które prowadzą do urzeczywistnienia samego siebie. Książkę tę można polecić wszystkim adeptom Drogi i tym spośród nas, którzy szukają w sobie głębi.

www.ingramcontent.com/pod-product-compliance
Lightning Source LLC
Chambersburg PA
CBHW032255150426
43195CB00008BA/467